Manfred Seitz

Für die eigene Seele sorg

R. BROCKHAUS VERLAG WUPPERTAL

AufAtmen Inspiration

Das Kapitel über *Christliche Meditation* aus: Praxis des Glaubens. Gottesdienst, Seelsorge und Spiritualität, © Verlag Vandenhoeck & Ruprecht, Göttingen, 3. Auflage 1985, S. 199-205, mit freundlicher Genehmigung. Es wurde für diese Ausgabe geringfügig bearbeitet.

Der Text von Carlo Carretto aus: Wo der Dornbusch brennt. Geistliche Briefe aus der Wüste, © Verlag Herder, Freiburg, 22. Auflage 2001, S. 17-18.

Umschlaggestaltung: Dietmar Reichert, Dormagen
Umschlagfoto: Micha Pawlitzki, Augsburg
Druck: Breklumer Druckerei Manfred Siegel KG
ISBN 3-417-24444-7
Bestell-Nr 224 444

Was heißt geistlich leben?

Ringen um geistliche Reife oder: Seelsorge als Aufgabe an sich selbst

Viele Menschen sind weit gereist, haben viel erlebt und viel gesehen – und besitzen doch ein merkwürdig geringes Maß von Lebenseinsicht und Lebenserfahrung. Andere haben weit weniger erlebt, weniger gesehen, sind wie der Philosoph Kant über Königsberg nicht weit hinausgekommen und zeichnen sich doch durch bemerkenswerte Lebensweisheit und Lebensklugheit aus.

Dieser Unterschied in der Erfahrung hängt mit der unterschiedlichen Stärke des Bemühens und der Fähigkeit zum Verarbeiten des Erlebten zusammen; denn Erfahrung ist innerlich verarbeitetes Erlebnis. Was aber für die allgemeine

Erfahrung gilt, gilt für die geistliche nicht minder. Auch der Bereich des Glaubens, der Bindung an den Herrn, ist eine Welt von Erlebtem und Erfahrenem.

In ihr gibt es Menschen, die alt geworden und in ihrer Frömmigkeit treu geblieben sind und doch nur ein erschütternd geringes Maß vom Geist des Evangeliums begriffen haben. Und andere leben erst ganz kurz im Wort Christi, vielleicht noch gar nicht fähig, sehr viel vom Gut des Glaubens in sich aufzunehmen, und haben doch häufig eine Tiefe der Erkenntnis, die beschämt.

Seelsorgerliche Erfahrung gewinnt man nur im Ringen um eine geistliche Haltung

Diese Unterschiede wird es immer geben. Man kann aber das Bemühen stärken und die Fähigkeit ausbilden, Vorgänge, die der Glaube hervorruft oder beleuchtet, geistlich zu verarbeiten. Wir haben bisher nur sehr wenig getan und besitzen deshalb in der evangelischen Kirche auch wenig Erfahrung im Ringen um geistliche Reife. Wenn wir daraufhin einmal die Geschichte der Christenheit befragten, würden wir staunen über die Schätze, die noch zu heben sind.

Wilhelm Löhe zum Beispiel, der Begründer des Neuendettelsauer Diakonissenwerkes, war ein Mann, der seine seelsorgerliche Erfahrung im anhaltenden Bemühen um eine geistliche Haltung gewann. Was er tagsüber tun und entscheiden musste, das bedachte er abends vor der aufgeschlagenen Bibel. Seine pfarramtliche Tätigkeit stellte er Zug um Zug unter die große Kritik und unter die barmherzige Vergebung des göttlichen Wortes und ließ auch seine Erlebnisse von diesem Licht bescheinen. Weil er sich Rechenschaft vor Gott gab, wurde er zu dem Mann, an den sich viele anlehnen und der viele halten konnte.

In ähnlicher Weise kann man auch die Menschen, die einem im Laufe des Tages begegnen, vor Gottes Angesicht stellen und für sie erbitten, was ihnen am nötigsten ist. Das lässt Gott für den, der es übt, oft zu einer besonderen Quelle der Menschenkenntnis und Barmherzigkeit im Umgang mit Menschen werden.

In alten Gebetbüchern findet man zuweilen einen „geistlichen Tageslauf“. Für besondere Abschnitte und Einschnitte des Tages wird ein kurzes Schriftwort oder ein kurzes Gebet gegeben – zum Beispiel „Beim Erwachen“, „Bei der Arbeit“, „Wenn man die Lichter anzündet“. Manchmal wird auch für den Moment, in dem „man aus dem Hause geht“ (Cyriakus Spangenberg, 1560), ein Wort zum Innehalten und Befolgen angeboten, etwa: „Herr, zeige mir deine Wege und lehre mich deine Steige“ (Psalm 25,4).

Wir versuchen, dieses Gebet zu leben, es vor allem in unserem Miteinander mit den Arbeits- und Familiengenossen dieses Tages zu verwirklichen. Am Abend geben wir uns ein paar Minuten stille Rechenschaft vor Gott über das, was geschehen ist. Dann werden wir sehr demütig und traurig sein müssen. Aus dieser Stille, in der uns unser Herz verdammt und Gott größer ist als unser Herz (1. Johannes 3,20), geht geistliche Erfahrung hervor.

Es wird heute von allen, die im Dienst der Seelsorge stehen, eine umfassende Kenntnis des gegenwärtigen Menschen, seiner Lebensverhältnisse, seiner Denkgewohnheiten und seines sozialen Verhaltens gefordert. Dagegen ist nichts einzuwenden. Man muss alles Bemühen um Aneignung solcher Kenntnisse unterstützen. Aber diese Hilfen und Ergänzungen sowie alles, was ich erlebe, erfahre und weiß, müssen letzten Endes dazu führen, dass ich immer aufnahmefähiger für Jesus Christus und ein Träger seines Wortes werde. Das geschieht dadurch, dass ich mein ganzes Leben, bis in die einzelnen Vorgänge hinein, unablässig mit der Schrift konfrontiere und dem Willen Gottes unterstelle.

In ähnlicher Weise kann man auch die Menschen, die einem im Laufe des Tages begegnen, vor Gottes Angesicht stellen und für sie erbitten, was ihnen am nötigsten ist.

Die im Westen wenig bekannten mönchischen Seelsorger der Ostkirche haben in ihren Einsiedeleien oft Jahre und Jahrzehnte keinen Menschen gesehen. Sie lebten dem Schriftstudium, der (zum Teil wissenschaftlichen) Arbeit und dem Gebet. Sie gewannen Erfahrung im Umgang mit sich selbst. Wenn sie nun nach langer Zeit wieder unter die Menschen traten, um ihre letzten Jahre der Not der Welt zu weihen, dann hieß es von ihnen: Sie lasen im Antlitz der Menschen wie in einem entsiegelten Buch.

Diesen Weg gibt es auch. Es wird in der Regel nicht unser Weg sein. Aber dass es ihn gibt, müssen wir wissen; denn seelsorgerliche Erfahrungen gewinnt man nur im Ringen um eine geistliche Haltung.

Im Ringen um eine geistliche Haltung spielt der Verzicht eine entscheidende Rolle

Je reicher wir werden – an materiellen wie an geistigen Gütern –, desto ernstlicher müssen wir nach dem Verzicht in unserem Leben fragen. Jesu Wort: „Ein Reicher wird schwer ins Himmelreich kommen" (Matthäus 19,23), schließt auch den Besitz an Anschauungen, Meinungen, Kenntnissen und Vorstellungen, den Reichtum an Wissen mit ein. Verzichten heißt hier nicht: die geistigen Schätze verachten und die Vernunft vom Glauben fernhalten. Verzichten heißt hier: aus Geist und Vernunft Gott nichts vorschreiben, keine Ansprüche gegen ihn geltend machen – zum Beispiel, ob er sich nicht anders als in Jesu armer Gestalt hätte offenbaren können; ob der Weg über das Kreuz Jesu der einzige Weg zu unserer Rettung war; ob er mir nicht dies hätte erfüllen und mich vor jenem hätte bewahren müssen. Verzichten heißt: sich im Herzen beugen und im Geist demütig sein.

Ungleich deutlicher als die Notwendigkeit dieser tief in der Person verborgenen Haltung steht uns vor Augen, dass der Reichtum, der heute zum so genannten Lebensstandard gehört, und äußerlich gesicherte Lebensverhältnisse eine geistliche Gefährdung darstellen. Sie kommt zum Ausdruck in einer Verbreiterung des „privaten", das heißt des von Gott so leicht lösbaren Bereichs. Gott wird abgedrängt an die Ränder unseres Daseins. Es wird fast alles wichtiger als er. Verzicht heißt hier Einschränkung im Materiellen, damit Gott wieder zur Geltung komme und Herr sei über Güter und Kräfte und unsere Zeit.

Man wird schon aus diesen allgemeinen Erwägungen erkennen, dass man einen für jeden gültigen Ratschlag, wo er verzichten muss, nicht geben kann. Aber dies kann man: anfangen, nachzudenken und sich zu besinnen, an welcher Stelle seines Lebens man sich um Einschränkung und Verzicht bemühen muss, um Gott mehr Verfügung über Gang und Inhalt seines Tages zu gewähren. „Mit dem Verzichten geht es uns eigenartig. Einerseits ist jeder Mensch dazu gezwungen, auf vieles im Leben zu verzichten, andererseits tut man es freiwillig, wenn bestimmte Rücksichten oder Aufgaben einen dazu bewegen, zum Beispiel Rücksichten auf die Familie, den Beruf, die Gesundheit und vieles andere. Zugleich aber versuchen wir, dem Opfer und dem Verzicht auf jede Weise auszuweichen“ (Eduard Steinwand, Predigt über Markus 9,43-48).

Erzwungener Verzicht gehört zum Bittersten des Lebens. Auf die Ehe, auf einen befriedigenden Beruf, auf eine tragende Gemeinschaft oder Ähnliches verzichten zu müssen, wird immer als Verkürzung des Lebens empfunden, als Benachteiligung; denn „alles, was das Leben unausgefüllt, einsam, sinnlos, unglücklich erscheinen lässt, ist irgendwie mit einem Verzichtenmüssen verbunden" (Eduard Steinwand).

Verzicht heißt hier Einschränkung im Materiellen, damit Gott wieder zur Geltung komme und Herr sei über Güter und Kräfte und unsere Zeit.

Infolge eines erzwungenen Verzichts erscheint häufig der Streik als Ausdruck elementarer Lebensnot. Er legt sich lähmend wie ein Bann auf unser Verhältnis zu Gott und wird dadurch zur elementaren Glaubensnot. Ein Mensch tritt in den Streik, wenn seine Forderungen nicht erfüllt und seine Ansprüche nicht befriedigt werden. Er bricht aus dem Ordnungsgefüge, in dem er steht, aus und kündigt den Dienst auf. Dadurch geraten auch die übrigen Beziehungen, in die er hineingebunden ist, in Unordnung.

Zum Streik kann es in jedem Lebensalter kommen. Alle Menschen begegnen dem Leben mit bestimmten Erwartungen. Sie haben mehr oder weniger ausgeprägte Vorstellungen von dem, was ihnen die Zukunft bringen soll; je jünger sie sind, umso leidenschaftlicher. Aus ungezählten Eindrücken setzt sich das Bild zusammen, das einmal Wirklichkeit werden soll. In unserer Zeit wird das „Wunschbild Leben“ ungewöhnlich stark von den modernen Kommunikationsmitteln (Fernsehen, Film, illustrierte Presse usw.) gelenkt. Das wirkt sich besonders verhängnisvoll auf die Vorstellung von Ehe und Liebe aus. Die Seelsorge der Ehe hat deshalb beinahe am häufigsten mit Streiksituationen zu tun, das heißt mit der Auflehnung von Menschen, deren Wunschbilder an der Wirklichkeit zerbrochen sind.

Wunschbilder zerbrechen, weil die Wirklichkeit nicht bereit ist, sie zu erfüllen. Viele Vorstellungen, die man sich vom Leben und von einzelnen Lebensabschnitten gemacht hat, muss man zurücknehmen, ändern oder korrigieren. Das Leben zwingt einen dazu. Es ist ganz anders. Es fordert den Verzicht von uns. Man ahnt es schon in der Jugend; aber man weiß es noch nicht in seiner ganzen Tiefe. Erst die Jahre lehren es unerbittlich. Dann entscheidet sich, ob sich ein Mensch auflehnt oder führen lässt. Das erste scheint, das zweite ist das Schwerere und

Größere. Reif werden heißt daher: Der Wirklichkeit die Wünsche beugen. Was ich glaubte dem Leben abtrotzen und abfordern zu können, muss ich aufgeben; was ich meinte erwarten zu können, muss ich einschränken; was ich glaubte beanspruchen und bewirken zu können, muss ich abbauen. Reifen und Verzichten gehört eng zusammen. Und zur Weisheit des Glaubens gehört es, in diesem Prozess, den die Bibel „Sich-selbst-Verleugnen" nennt, immer mehr seine Hoffnungen in Gottes Hände zu legen, damit er entscheide, was für uns gut und heilsam ist.

Und zur Weisheit des Glaubens gehört es, immer mehr seine Hoffnungen in Gottes Hände zu legen, damit er entscheide, was für uns gut und heilsam ist.

Stattdessen kann es aber, da das Leben in irgendeiner Form von jedem verlangt, dass er verzichtet, zum Streik kommen. Wir werden ungehalten, weil wir etwas nicht bekommen haben, und zugleich werden wir blind für all das Gute, das uns zuteil geworden ist. Der Streik und die Undankbarkeit gehören eng zusammen. Obwohl wir in vielen Fällen nicht genau wissen, wen wir für den empfundenen Mangel verantwortlich machen sollen, lehnen wir uns gegen unsere unmittelbare Umwelt und die Lebensverhältnisse auf. Unfreundlichkeit, die sich der, dem sie begegnet, nicht erklären kann, und jede Form von Zynismus deuten häufig auf eine streikende, undankbare Seele hin. Im schlimmsten Fall versuchen wir einfach zu nehmen, was uns vorenthalten blieb, oder finden nicht mehr in die Wirklichkeit zurück. Wir erleiden dann nicht nur Schäden an unserer Seele, sondern geraten auch in großes Unrecht hinein.

Während es uns schwer fällt, das Glück unseres Lebens mit Gott in Zusammenhang zu bringen und ihn dafür zu loben, sind wir sofort bereit, Gott anzuklagen, wenn wir uns unglücklich wähnen.

Es gehört zu den ganz merkwürdigen Dingen, die man in der Seelsorge wissen muss, dass jede Auflehnung eines Menschen gegen sein Schicksal in die Glaubenssphäre hineinreicht und zur Auflehnung gegen Gott werden kann.

Zu einem Dorfpfarrer kam einmal ein Bauer, der in einen Hof eingeheiratet hatte, und sagte: „Ich gehe ab jetzt nicht mehr in die Kirche!“ Auf die Frage nach dem Grund dieses Verhaltens antwortete er: „Weil mir meine Schwiegereltern das Zimmer, das ich noch wollte, nicht gegeben haben.“

Von einem Menschen, der meutert, weil das Leben nicht hielt, was es zu versprechen schien, sagt unsere Sprache mit tiefer Einsicht: „Er ist mit Gott und der Welt zerfallen.“ Sie weiß, dass sich jede Auflehnung auf Gott ausdehnen kann. Man kündigt ihm Gefolgschaft, Dienst und Treue. Dadurch geraten auch die übrigen Beziehungen, in denen wir stehen, in Unordnung. Medizinisch gesprochen, liegt im Streik häufig der Ursprung einer Neurose. Seelsorge besteht hier in erster Linie in dem Bemühen, den Streik abzubauen. Sie ist machtlos, wenn es ihr nicht gelingt, den Menschen aus seiner Zwangssituation und Wunschgebundenheit zu befreien. In schwereren Fällen muss Psychotherapie zu Hilfe genommen werden. Erst wenn wir den Aufstand gegen Gott und unsere Mitmenschen aufgeben, auch in kleinsten Dingen, beziehungsweise wenn wir uns von jemand herausführen lassen, weicht der Bann, der es uns unmöglich macht zu glauben und der, weil er im Gefolge eines unbewältigten Verzichtes steht, uns nicht zu einem beherrschten geistlichen Leben kommen lässt.

Ein unbewältigter, erzwungener Verzicht stellt eine schwere Behinderung des geistlichen Lebens dar und führt zu Undankbarkeit und Verblendung: Man sieht die Gnaden, von denen man lebt, nicht mehr. Ein aktiver, bejahter Verzicht hingegen bedeutet eine wunderbare Befreiung zum geistlichen Leben und führt zu Dankbarkeit und Erleuchtung: Man schaut die Gnaden, von denen man lebt. „Weil das Verzichten einfach zu unserem Dasein gehört, deshalb ist es auch eine Hilfe und eine Tugend, wenn ein Mensch das Verzichten gelernt und geübt hat. Ein zuchtvoller, ein beherrschter Mensch ist in jedem Fall einer, der verzichten kann, der nicht ein Spielball seiner Triebe und Gefühle ist. Daher ist ein zuverlässiger Mensch, zu dem man Vertrauen haben kann, auch immer ein zuchtvoller Mensch. Und zuverlässige Menschen sind eine Hilfe und Wohltat für ihre Umgebung." (Eduard Steinwand)

Der Verzicht spielt in der Seelsorge eine entscheidende Rolle: Beruf, Ehe, Krankheit und Tod sind die hauptsächlichen Felder, auf denen wir helfen müssen, ihn zu bewältigen. Er spielt eine ebenso entscheidende Rolle in der geistlichen Aufgabe, die wir an uns selber haben. Sie beginnt mit der Frage: Wo muss ich auf eine gewohnheitsmäßige Ausfüllung meiner Zeit verzichten, um Gott Einlass in meine Zeit und dadurch mein Leben zu gewähren? Zu ihr gehört die Frage: Wo muss ich auf ganz bestimmte Gebundenheiten, Leidenschaften und Wunschbilder verzichten, die Gott in meinem Leben nicht zur Wirkung kommen lassen? Sie mündet in die Frage: Wo muss ich auf mich selbst verzichten, um ganz für Gott da zu sein, damit er mich zum Werkzeug seiner Liebe mache?

Wo muss ich auf eine gewohnheitsmäßige Ausfüllung meiner Zeit verzichten, um Gott Einlass in meine Zeit und dadurch mein Leben zu gewähren?

Was heißt geistlich leben?

Zwischen Erkenntnis und Verwirklichung der Erkenntnis liegt oft ein weiter Weg. Aber er muss begangen werden. Wir dürfen uns deshalb nicht damit begnügen, erkannt zu haben, dass die rechte Seelsorge aus Jüngerschaft und Nachfolge hervorgeht. Wir müssen uns darum bemühen, diese Grundbedingung auch in ihrer Vielschichtigkeit wahrzunehmen und eine Antwort darauf zu finden, wie die eine, alles umfassende Voraussetzung zum Üben der Seelsorge praktiziert und gelebt werden kann. Statt: „Was heißt geistlich leben?“, könnten wir auch sagen: „Was heißt es, in der Seelsorge Jesu zu stehen?“

Apostelgeschichte 11,26 weist uns einen Weg: „In Antiochia wurden die Jünger zuerst Christen genannt.“ So wie man Kinder nach ihrer Herkunft nennt, nach Eltern und Geschwistern, das heißt nach den Menschen, mit denen sie leben und von denen sie Prägung empfangen, so heißen die Jünger nach dem Herrn, dem sie eigen sind. Ihr Name besagt: Zwischen Christus und den Christen soll etwas gemeinsam sein.

Jesus als Urbild des Jüngers

Ein alttestamentliches Wort, bei dem es offen bleibt, wer eigentlich gemeint ist, erscheint uns heute wie ein fernes, vordeutendes Bildnis Christi: „Gott der Herr hat mir eine Zunge gegeben, wie sie Jünger haben, dass ich wisse, mit den Müden zur rechten Zeit zu reden. Alle Morgen weckt er mir das Ohr, dass ich höre, wie Jünger hören" (Jesaja 50,4).

Hier wird in wunderbarer Weise die Fähigkeit der Seelsorge mit der Fähigkeit zur „Andacht" verbunden. Die Gabe, mit den Menschen zu reden, ist abhängig von der Gabe, auf Gott zu hören. Ein mit dem Herzen gehörtes Wort kann man weitersagen, und zwar „zu rechter Zeit": Gemeint ist hier das ins eigene Wort hineingegangene Gotteswort als zentrales Mittel der Seelsorge.

Der Gottesknecht, von dem Jesaja spricht, ist ein Mensch, der Gott gegenüber im Gehorsam des Hörens und den Menschen gegenüber in der Verantwortung des Dienens lebt. Damit ist nicht nur der geistliche Ort dessen aufgezeigt, der in unvergleichlicher Weise Knecht Gottes war, sondern auch der geistliche Ort all derer, die nach ihm Gottes Knechte sein wollen: Gott gegenüber im Hören und den Menschen gegenüber im Dienen. Durch Gehorsam und Dienst soll Christus im Leben der Christen aufleuchten.

Jesus war ein Hörender

Das Hören auf Gott müssen wir immer wieder von Jesus lernen, selbst wenn wir meinen, es längst zu können. Er hörte dreißig Jahre, bevor er seine Seelsorge begann. Die Erzählung vom Zwölfjährigen gewährt uns einen Einblick in diese Zeit der Stille Jesu und zeigt: Sie war erfüllt vom Aufnehmen des alttestamentlichen Gotteswortes und von der Einarbeitung in seine Gedanken. Als er hervortrat, hörte er das Wort beständig weiter. Er lebte nicht vom Brot allein (Matthäus 4,4); er war so erfüllt von ihm, dass er sagen konnte: „Meine Speise ist die, dass ich tue den Willen dessen, der mich gesandt hat" (Johannes 4,34).

Jesus war ein Betender

Die Lebensform Jesu war das Gebet. Er betete in der Regel in der Stille und allein. Um das möglich zu machen, trennte er sich oft von seinen Weggenossen und suchte die Einsamkeit des Gebirges auf. Er übte das Gebet aber auch im Zusammensein. Wenn er das tat, dann geschah es hauptsächlich fürbittend, dass der Wille Gottes auf der Erde und über bestimmten Menschen wirksam werde. Von Jesus sind uns mit Ausnahme von Johannes 17, dem „Hohepriesterlichen Gebet", nur ganz kurze Gebetsworte überliefert. Auch das Vaterunser ist ein Gebet von überraschender Kürze, dessen sieben Bitten auf kleinstem Raum die ganze Welt umschließen.

Jesus betete wohl kurze Gebete; er verbrachte aber auch ganze Nächte im Gespräch mit seinem Vater. In einigen Gleichnissen ermahnt er uns deshalb, auch das lange und das anhaltende Gebet nie zu unterlassen. Wir erkennen, dass sein ganzer Erdenweg durchwirkt war vom Gebet.

Jesus war ein Glied der Gemeinde

Er gehörte zu der Schar der Glaubenden des Alten Testaments. Als Hörender und Betender stand er bewusst in der Gemeinschaft derer, „die recht von Herzen suchen Gott und seine Zeugnis' halten“ (Evangelisches Gesangbuch 295,1). Er besuchte den Gottesdienst der Synagoge. Er ließ sich vom Strom ihrer Gebete tragen. Er ging den Weg der Jünger und erbat noch ganz zuletzt seelsorgerlichen Dienst von ihnen: „Bleibt hier und wachet!“ (Markus 14,34). Die Gemeinde Gottes war der Raum, in dem er lebte. Ihre Gemeinschaft brauchte er. So menschlich war der Herr.

Jesus war ein Bleibender

Mit dieser einfachen Formulierung soll etwas ausgesagt werden, was sachlich von höchster Bedeutsamkeit ist. Was Jesus immer wieder als unaufgebbares Kennzeichen des Jüngertums ausrief: „Bleibt!“ (Johannes 15,4), das erfüllte er selber in einmaliger Weise. Er blieb dauernd ein Betender. Er blieb dauernd bewusst in der Gemeinschaft der Glaubenden. Er war treu. In unseren Lebensweg sind Hören und Beten höchstens eingestreut. Im Gegensatz zu uns war sein Leben von einer hörenden und betenden Haltung getragen. Er beharrte bis ans Ende.

Als Hörender und Betender, als Glied der Gemeinde und als Bleibender ließ sich Jesus sammeln, um gesandt zu werden. Er ging in die Welt hinaus und zu den Menschen. Er liebte sie und redete mit ihnen. Er half und heilte, wo er konnte. Sein Kloster war die Welt. Nie verlor er sich an sie. Er lebte in ihr als einer, der in Gottes Gemeinschaft stand. Weil er sich ganz Gott zur Verfügung stellte, konnte er für die Welt das Beste wollen. Weil er für Gott da war, war er für die Menschen da.

Der Jünger als Abbild Christi

Zwischen Christus und den Christen soll etwas gemeinsam sein. Das Gemeinsame übernehmen wir nicht durch Nachahmung, sondern wir erhalten es auf dem Weg der Nachfolge geschenkt. Nachfolge und damit auch das Empfangen dessen, was in unserem Leben aufleuchten soll, wurde möglich, weil Christus gerufen hat. Seinen Ruf muss man gehört haben. Dann fängt die Nachfolge an, und es gibt Christen.

Nachfolge fängt also mit dem Hören an. Eine Vertrauen erweckende Stimme ruft. Wir fühlen uns von ihr angezogen. Wir möchten sie wieder hören und sie nicht mehr entbehren. Deswegen gehen wir ihr nach. Das tun wir nicht als stumme Leute. Wer uns angerufen und angeredet hat, muss eine Antwort erhalten. Wir geben sie ihm. Wir fragen aber auch zurück. So entsteht ein Gespräch, und ein Gespräch ist immer Ausdruck der Gemeinschaft. Auf diesem Weg entdecken wir Weggenossen. Es gibt neben uns noch andere, die den Ruf gehört und sich aufgemacht haben, ihm zu folgen. Wir finden uns unversehens in einer Schar, die vernimmt, antwortet und fragt wie wir. Wir sind nicht mehr allein. In dieser Schar müssen wir bleiben, wenn wir vom Weg nicht abweichen und dauernd in Verbindung mit dem Rufenden stehen wollen. Nur das Beharren führt zum Ziel.

In dieser Beschreibung treten uns dieselben Merkmale entgegen, die wir bereits aus der

Betrachtung des Glaubenslebens Jesu kennen. Der Ruf steht am Anfang als Geschenk und Ermöglichung. Durch Vergegenwärtigung dessen, was Nachfolge ist, finden wir die Antwort auf unsere Frage. Christlich leben heißt: Auf Jesu Wort hören, ihm im Gebet Antwort geben, mit der in seinem Namen sichtbar versammelten Gemeinde zusammen sein und dies alles regelmäßig und dauernd. Damit ist das Verhältnis, das wir zu Jesus haben sollen, in eine erstaunlich schlichte Aussage gefasst. Alles, was sonst als unbedingt nötig zum christlichen Leben angegeben wird, bleibt beiseite, um die einfachsten Kennzeichen der christlichen Existenz zu erkennen: Hören, Beten, Zusammensein und Bleiben.

Alles bleibt beiseite, um die einfachsten Kennzeichen der christlichen Existenz zu erkennen: Hören, Beten, Zusammensein und Bleiben.

Geistlich leben heißt diese vier Mandate verwirklichen. Wo sie vorhanden sind und gelebt werden, steht ein Mensch in der Seelsorge Jesu und im Stromkreis des Heiligen Geistes; da ist geistliches Leben – sei es auch noch so verborgen, fragwürdig, anfechtbar, verletzlich und von Sünde durchsetzt. Wer auf Jesu Wort hört, ihm im Gebet Antwort gibt, mit der in seinem Namen sichtbar versammelten Gemeinde zusammen ist und dies alles in Regelmäßigkeit und Dauer, der ist Christ. Er steht unter der Verheißung, dass er mit seinem Geist aus seinem eigenen Wesen herausgehen darf und umgestaltet wird in ein Abbild Christi.

Lebensformen des Glaubens in der Welt

Die vier Mandate des geistlichen Lebens müssen verwirklicht werden. Das kann heute (es war früher gewiss nicht anders ...) nur unter dem Vorzeichen des Kampfes geschehen. Die Bedingungen, unter denen dieser Kampf geführt wird, und die Fähigkeit, ihn zu führen, sind bei jedem Menschen anders. Darum gibt es unter uns verschiedene geistliche Intensität und Reife. Wir dürfen nicht vergessen, dass Jesus auch den „Senfkornglauben“ selig gepriesen hat.

Wir können im Rahmen dieser Gedanken nicht entfalten, was für Möglichkeiten und Hilfen es gibt, jedes einzelne dieser Mandate zu praktizieren. Es ging lediglich darum, herauszustellen, dass sie die Quelle sind, aus denen die rechte Seelsorge entspringt, und den Zusammenhang zwischen Seelsorge und geistlichem Leben aufzuzeigen. Aus diesem Grunde tragen die folgenden Absätze mehr das Gepräge eines Hinweises und einer Arbeitshilfe, um diejenigen Punkte anzudeuten, an denen die Christen arbeiten müssen, um zu einer Erneuerung ihres geistlichen Lebens zu gelangen.

Das Hören

Dass mit der einfachen Aufforderung zu hören noch nichts gewonnen ist, dass dahinter vielmehr Geheimnis, Schwierigkeit, Arbeit und Übung stecken, will offenbar Jesu Wort sagen: „Wer Ohren hat zu hören, der höre!" (Matthäus 13,9). Es gibt ein oberflächliches Hören, bei dem nichts geschieht, und es gibt ein tief gehendes Hören, das das Herz bewegt. Aber wie man vom einen zum anderen kommt – das liegt gewiss in Gottes Hand, und er lässt es durch den Heiligen Geist dazu kommen; aber es könnte sein, dass wir hier noch zu wenig gearbeitet, zu wenig nachgedacht und zu wenig auf die Tradition des geistlichen Lebens geachtet haben.

Unser Nachdenken über die Verwirklichung des Hörens müsste drei große Kreise durchmessen und umschließen: den Gottesdienst in allen seinen Formen, weil Gott uns durch sein Wort hier dient; das persönliche und das gemeinsame Bibelstudium, in dem sich so viele ohne rechte Anweisung versuchen; und das Gebiet der geistlichen Literatur, über deren Einsatz und Bedeutung wir so wenig Kenntnis und Erfahrung haben. (Dem betrachtenden Hören auf ein Bibelwort werden wir im zweiten Teil besonders nachgehen.)

Das Beten

Beten ist seinem Wesen nach einfach unsere Antwort auf die Worte dessen, der uns ruft und mit uns redet. Aus diesem Grunde besteht ein tiefer Zusammenhang zwischen Hören und Beten. Hat man diesen Zusammenhang, das heißt den Antwortcharakter des Betens erfasst, gewinnt das Gebet neues Leben. Es wird dann nicht so sehr von unseren Anliegen als vielmehr von den Anliegen der Schrift, die ja unsere enthalten, bestimmt. Dadurch kommen wir dem Beten, das mit Gottes Willen übereinstimmt, näher (Johannes 15,7).

Ein besonderer Gesichtspunkt, der heute bei einer Besinnung über das Gebet nicht unterschlagen werden darf, ist das Gebet unter ungünstigen Umständen. Wir müssen uns, wenn wir das Beten nicht verlieren wollen, immer mehr mit dem Gebet unter ungünstigen Umständen befassen. Dann behalten wir nicht nur das Beten, sondern gewinnen und bestehen auch die Zukunft.

Unser Nachdenken über die Verwirklichung des Betens sollte drei große Kreise durchmessen und umschließen: das Gebet in der Bibel und das Beten mit der Bibel; den Gebrauch von Gebetbüchern und das freie Gebet; und das Gespräch über den Glauben. Das Gespräch über den Glauben ist eine besondere Form unserer Antwort auf Gottes Wort. Seine Besonderheit besteht darin, dass wir mit persönlich gedeckten Worten Auskunft geben müssen über unseren Glauben. Das ist für uns Evangelische eine bitter notwendige Sache.

Das Zusammensein

Hören und Beten schließt mit Christus zusammen. Der Zusammenschluss mit Christus stellt in die Schar derer hinein, die mit Christus zusammengeschlossen sind. Das Geschehen, in dem sich diese Zusammenschlüsse leibhaft verwirklichen, ist das Abendmahl. Ohne sichtbaren Zusammenschluss mit der im Namen Jesu versammelten Gemeinde ist christliches Leben nicht denkbar. Obwohl diese Gemeinschaft von Glaubenden in all ihren Formen im tiefsten Grunde immer fragwürdig, unvollkommen und vorläufig bleibt, ist sie notwendig und unaufgebbar. Wir brauchen sie um unseres eigenen Glaubens willen. Unser Hören würde sonst erlahmen und unser Gebet verlöschen. Das Leben in der Konkretheit der Gemeinde gehört zur Weltlichkeit unseres Glaubens. Es ist die praktische Anerkennung des Leibes Christi in seiner armen Gestalt.

Unser Nachdenken über die Verwirklichung des Zusammenseins müsste drei große Kreise durchmessen und umschließen: die sichtbare Gemeinde in verschiedenster Gestalt mit ihren Möglichkeiten und Unmöglichkeiten; die Gemeinschaften, Gruppen und Hausgemeinden in herkömmlicher und erweiterter Form, in denen heute in neuer und viel versprechender Weise christliches Leben geübt und weitergegeben wird; und die Gefährtenschaft weniger oder zweier Menschen im Glauben. Wir brauchen den Bruder oder die Schwester, weil in der Umgebung, in der wir normalerweise leben, unser Glaube müde und matt wird, wenn uns nicht einer hält, der selbst von Gott gehalten ist.

Das Bleiben

Hören, Beten und Zusammensein müssen den Charakter der Dauer bekommen. Darauf weist die Bibel unermüdlich hin: 5. Mose 13,7-9a;

Johannes 15,4 ff.; Hebräer 10,25. Gleichzeitig wird dadurch die Frage nach einer Regel des geistlichen Lebens gestellt. Diese Frage hat eine reiche, kostbare, uns Evangelischen weithin unbekannte Spur in der Geschichte der Kirche. Man wird sie in der allgemeinsten Form so beantworten können: Hören, Beten und Zusammensein bedürfen der regelmäßigen Wiederkehr in Abständen, die denen des Atems gleichen; denn es geht um Hören, Beten (1. Thessalonicher 5,17) und um ein In-der-Gemeinde-Leben ohne Unterlass. Das rettet, prägt und wandelt um.

Unser Nachdenken über die Verwirklichung des Bleibens sollte drei große Kreise durchmessen und umschließen: die Versuchung, das heißt alles, was das Bleiben am Wort, am Gebet und in der Gemeinde beeinträchtigt bzw. unmöglich macht; den Glaubenskampf, denn die Versuchung als Gefährdung des geistlichen Lebens kann nur kämpfend überwunden werden; und die geistliche Übung. Während im außerkirchlichen Bereich (zum Beispiel in Schule, Sport und Musik) das Training oder die Übung eine Selbstverständlichkeit darstellt, lassen es sich die wenigsten Menschen sagen, dass auch die Praxis des geistlichen Lebens geübt werden muss; das heißt, dass viele Dinge in der Welt des Glaubens erlernt, erarbeitet und geübt werden können.

Die Liebe

Die wichtigste Lebensform des Glaubens und Anfang und Ende aller anderen ist die Liebe. Es schien so, als beschreibe Hören, Beten, Zusammensein und Bleiben nur die Hinwendung des Christen zu Gott, aber wenn diese Hinwendung nicht Liebe zum Bruder und zur Schwester wird, ist sie nicht echt. Wenn Gott Liebe ist, muss unser Erfülltsein von Gott auch Liebe werden, Liebe, wie sie in 1. Korinther 13 einmalig und unnachahmlich als Porträt Christi beschrieben ist. Die Echtheit geistlichen Lebens und damit Quelle und Grund christlicher Seelsorge erweist sich an der Intensität der Liebe.

Christliche Seelsorge ist ein Handeln aus der Liebe Christi heraus. Sie steht dem Menschen nicht von Natur aus zur Verfügung. Er kann sie lediglich empfangen und dann weitergeben. Liebe in voller Vorbehaltlosigkeit und Grenzenlosigkeit, wie sie durch die Seelsorge geschehen soll, ist nur möglich, wo mit Christus gelebt und mit der Liebe Christi geliebt wird.

Es ist aber notwendig zu bedenken, dass Liebe im Sinne der Botschaft Jesu und der Apostel nichts Weiches, sondern etwas Gehärtetes ist: die Bekundung des Daseins für den andern, die seine Bedürfnisse beachtet, seine Grenzen erkennt, ihn nicht nach eigenen Vorstellungen umformen will und sich um das Beste für ihn bemüht.

Nur wenn wir die Denkweise Christi erwerben, können wir so lieben, wie Jesus es will. Nur wenn das Wort Christi in uns lebt, geht von uns das Licht und der Glanz seiner Liebe aus. Darum gehören Seelsorge und geistliches Leben untrennbar zusammen.

Christliche Meditation

Schwieriges Wort und einfaches Tun

In einem eigenen Kapitel soll es hier um die Meditation, das betrachtende Hören und Lesen der Schrift gehen. „Meditation“ ist ein schwieriges Wort. Für Meditation interessieren sich heute viele Menschen. Sie halten sie für ein Medikament. Deshalb nimmt die Zahl der Bücher, die darüber veröffentlicht werden, beständig zu. Die meisten informieren über asiatische Meditation. Sie enthalten umfangreiche und komplizierte Anleitungen, die in der Tat brachliegende Kräfte unseres Menschseins entbinden können. Aber um bis dahin zu gelangen, braucht man entweder eine außergewöhnliche Willenskraft oder eine Bekehrung. Das Zauberwort „Meditation“ ist fast immer religiös bestimmt, vor allem, wenn es in den Fernen

Osten weist. Hinter ihm verbirgt sich eine Vielzahl von Heilswegen als Angebot an die westliche Welt.

Etwas anders verhält es sich mit der christlich geprägten Meditation. Sie ist ein einfaches Tun. Zwar wurde auch über sie inzwischen eine beträchtliche Anzahl von Büchern geschrieben. Wir treffen sie in katholischen Buchhandlungen häufiger an als bei uns. Das hängt damit zusammen, dass die katholische Kirche ihre Verbindung zur christlichen Meditation besser bewahrte als die evangelische Christenheit. Aber ihre Vielfalt ist nicht so verwirrend groß und hat bei allen Unterschieden einen einheitlichen Charakter. Es handelt sich dabei um ein Nebeneinander von verschiedenen Ausdrucksformen innerhalb einer Einheit, die durch das Bekenntnis zu Jesus Christus gegeben ist. Meditation in diesem Rahmen steht deshalb als eine Möglichkeit Gestalt gewordenen Glaubens grundsätzlich immer allen Christen offen.

Wir bezeichnen sie am besten als „Nachsinnen". Das heißt: Es ist etwas da, das ich nicht erst zu erstellen brauche. Darauf kann ich –

anderes ausschließend – meine Gedanken richten. Ich komme zur Ruhe. Ich schaue es an. Ich denke ihm nach. Alles ohne Anstrengung, gelassen, gelöst! Ich lasse mich auf etwas ein. Es geht mich persönlich an. Das ist Meditation.

Im Raum des christlichen Glaubens war dieses „Etwas“, dieser Mittelpunkt oder Gegenstand der Meditation von Anfang an Christus bzw. die Schrift. Wenn wir die Ursprünge begreifen wollen, dann müssen wir uns vor jedem Meditierenden „die aufgeschlagene Bibel denken – die niedergeschriebene, die auswendig gelernte oder diejenige, die durch unzählige unterirdische und offen zutage liegende Zuströme der Tradition an ihn herangetragen wird“ (J. Sudbrack).[1]

Diese christliche Meditation tritt uns in der Verschlüsselung fern gerückter geschichtlicher Geschehnisse entgegen. Vielleicht vertiefen sie unser Verständnis oder eröffnen uns einen neuen Zugang?

---

[1] Josef Sudbrack, Motive – Modelle für ein Leben als Christ, Würzburg 1970, S. 149f.

Der größte Theologe des Mittelalters verstummt

Gewöhnlich werden als geschichtliches (und gegenwärtig noch wirksames) Beispiel für die katholische Meditation die „Geistlichen Übungen" des Ignatius von Loyola (1491-1556) angeführt. Sie reicht aber viel weiter zurück. Sie begegnet uns schon in der Mönchsregel des Benedikt von Nursia (um 540). In ihr steht: „Was aber an Zeit nach dem Nachtstundengebet bleibt, werde von den Brüdern, die nach den Psalmen oder den Schriftlesungen Verlangen haben, für Betrachtung (meditatio) verwandt."

Hier begegnen wir also schon dem Wort: In der Betrachtung wendet sich der Nachsinnende von der Vielheit der Möglichkeiten ab. Er konzentriert sich auf eine einzige, zum Beispiel von sechzehn Psalmversen auf einen oder zwei. Er sucht das Bild, daher Betrachtung. Er wiederholt, holt das, was sich entziehen will, immer wieder heran. Er geht damit um, umkreist es. Er überlässt sich. Es dringt in ihn ein. Es wohnt in ihm (Kolosser 3,16a). So gingen die Mönche und die meditierenden Christen mit der Bibel um: vereinfachend, beschauend, wiederholend, sich überlassend.

Nun wird die Meditation durch die Tradition zu Thomas von Aquin (1225-1274), dem größten Theologen des Mittelalters getragen. In der Nähe seines Lebensendes steht ein merkwürdiges Ereignis. Als er am 6. Dezember 1273 vom Gottesdienst in seine Zelle zurückkehrte, legte er die Feder aus der Hand und erklärte: „Alles, was ich geschrieben habe, erscheint mir wie Spreu – verglichen mit dem, was ich geschaut habe und was mir offenbart worden ist." Dabei blieb es. Er sprach nur noch das Notwendigste. Der große Lehrer des Abendlandes war stumm geworden. Was ihn wie der Anfang des Lebens in Gott durchdrang, rührte die Menschen seiner Umgebung mit dem Schauer des Geheimnisses an.

In der Betrachtung wendet sich der Nachsinnende von der Vielheit der Möglichkeiten ab. Er konzentriert sich auf eine einzige.

Es ist unmöglich, dieses Ereignis von der

Übung der Meditation in seinem Leben zu trennen. Auskunft gibt er darüber in seinem Hauptwerk, der „Summe der Theologie". Dort hebt er „erwägen" und „betrachten" voneinander ab. Ich erwäge, wenn ich von der Beachtung des Vielfältigen her auf die Wahrheit schließe. Ich betrachte, wenn ich über Einem zur Ruhe komme. In dieses Stillwerden kann das Betrachtete eingehen. Der zeitliche und räumliche Abstand schwindet, und ich komme in eine Gleichzeitigkeit mit dem Inhalt meiner Meditation. Das Ziel dieses Sichsammelns und Nachsinnens über einem Bibelwort oder über eine Tatsache des Glaubens ist die „contemplatio veritatis", das Anschauen der Wahrheit. Es bündelte sich bei Thomas gegen Ende seines Lebens wie in einen Blitz. Von da ab verstummte er.

Vorher hatte er gesagt: „Wer oft meditiert, betrachtet die Größe und Güte Gottes und die Menge der Wohltaten, die er ihr verdankt. Wer oft meditiert, denkt über seine Fehler nach und wird sich seiner Armseligkeit bewusst. Die Betrachtung ... bewahrt vor Anmaßung und lässt den Menschen ... sich Gott unterwerfen."

Das Herabsteigen aus dem Kopf ins Herz

Wir Menschen des Westens haben ein Problem: Wir können wenig schweigen. Wir werden von Wortmassen überflutet. Wir zerreden alles und erleben nichts. Wir glauben an die Allmacht der Gedanken. Das „Herzliche", das heißt alles, was uns im Ganzen anspricht, ist zurückgetreten. Wir leiden unter einer Verarmung an Wärme, Aufmerksamkeit und Verständnis füreinander. Die Überbewertung des Denkens und die Unterbewertung des Erlebens haben uns auch die Möglichkeit genommen, Gott zu erfahren.

Auf diesem Hintergrund gewinnt unsere Überschrift den Charakter einer Anrede oder Ermahnung, die aus der Meditations-Auffassung des christlichen Ostens und der orthodoxen Kirchen kommt: „Herabsteigen aus dem Kopf ins Herz!"

Tichon von Sadonsk (1724-1783), ein Lehrer des geistlichen Lebens in Russland, schreibt: „Wer sich um echte Beschaulichkeit müht, achtet auf das Herzensinnere. Er lebt in Betrachtungen, die sein Herz erwärmen und zu innerer Wandlung aufrufen. Beginne morgens dein Tagewerk mit dem Gebet, Lesen des Wortes Gottes und Überdenken des Gelesenen. Bete zunächst anhaltend und bringe deine führenden Nöte in schlichten Worten, voller Vertrauen vor. Sodann lese das Evangelium und die Apostelbriefe und überdenke das Gelesene in Bezug auf dich selbst. Solches Lesen festigt das Gebet. Beide ernähren und stärken die Seele. Gut wäre es, Gedanken, die beim Lesen kommen, aufzuschreiben."

In diesen Sätzen verbirgt sich eine kleine, nach wie vor verwendbare Ordnung des täglichen Gebets: Beten, Lesen, Überdenken; oder anders angeordnet: Lesen, Überdenken, Beten. Mit „Überdenken" ist Nachsinnen, Meditieren gemeint. Tichon schlägt vor, sich dabei Aufzeichnungen zu machen. Ein gerade für die Einübung in die Meditation nützlicher Rat!

Hinter dem ostkirchlichen Verständnis der Meditation steht eine besondere Anschauung über die Ruhe. Sie wurde praktiziert und bewahrt in der schon in der alten Kirche beginnenden Bewegung des Hesychasmus, die ihren Namen von dem griechischen Wort für ruhende Beschauung hat. Was die Hesychasten wollen, besagt am besten ein Psalmwort: „Meine Seele ist stille zu Gott“ (Psalm 62,2). Zwei Schritte führen dahin: Ich lege meine Sorgen ab, es wird still auch in meinen Gedanken. Ich wende mein Herz ganz zu Gott; es verweilt im Gott-Gedenken.

Tatsächlich wird über diesem Wieder-Holen des Namens Jesu der Geist still und die Welt in uns befriedet. Das Gedenken Gottes wacht über Geist und Leben.

Im Dienst dieser beiden Schritte steht das – inzwischen auch bei uns stärker beachtete – Jesus- oder Herzensgebet. Es heißt: „Herr Jesus Christus erbarme dich meiner“, wobei die ersten drei Worte mit dem Einatmen, die letzten drei Worte mit dem Ausatmen verbunden, in vielmaliger Wiederholung laut oder leise gesprochen, später nur noch im Geiste gebetet werden. Tatsächlich wird über diesem Wieder-Holen des Namens Jesu der Geist still und die Welt in uns befriedet. Das Gedenken Gottes wacht über Geist und Leben.

Martin Luther als meditierender Mensch

Die evangelisch geprägte Meditation ist Nachsinnen über dem Bibelwort. Die Pfarrer nennen deshalb das Nachdenken zwischen Texterklärung und Predigtniederschrift auch Meditation. Aber ist das richtig, wenn sie sich dabei überlegen, was sie der Gemeinde sagen? Hatten wir nicht bei Thomas gehört, Meditation sei auf das Anschauen der Wahrheit hin angelegt, und bei Tichon: „... überdenke das Gelesene in Bezug auf dich selbst!"?

Die Zwecklosigkeit, das Sichlösen von allem und das Sichüberlassen gehören zu ihrem Wesen. Wissen wir etwa nicht mehr recht, was Meditation bedeutet? Ist in der evangelischen Kirche an ihre Stelle die rational-reflektierende Texterklärung getreten? Wir müssen letztere, wenn wir die Texte wirklich verstehen wollen, beibehalten. Aber wir müssen auch den Anschluss an unsere eigene Geschichte in der Meditation wiedergewinnen.

Wir finden ihn im Leben Martin Luthers (1483-

1546). Schon in seiner ersten Vorlesung über die Psalmen (1513/15) sprach er darüber: „Meditieren heißt ernst, tief und sorgfältig denken, eigentlich im Herzen wiederkäuen. Meditieren ist gleichsam ... in der Mitte verweilen oder von der Mitte und dem Innersten bewegt werden. Wer also innerlich und fleißig denkt, klagt und überlegt, der meditiert."

Aus anderen Äußerungen erfahren wir etwas über sein persönliches Verhältnis zur Meditation. Sie wurde durch die Tradition der Mystik und der Mönche zu ihm getragen und zwar als eine Weise des Nachsinnens über das biblische Wort, die sich methodisch, das heißt in gemessenen Schritten vollzieht. (Die Silbe „med" in Meditation deutet auf Maß.) Dann aber unterwarf er auch sie der reformatorischen Grundeinsicht: Nicht wir, sondern Gott ist zu uns vorgedrungen. Wir können uns nur bereiten zu seinem Empfang, uns seinem Kommen im Wort der Wahrheit stellen. So ist Meditation bei Luther ein methodisch erfolgendes, vertieftes Hören und Sehen, um bereit und verfügbar zu sein für Gott, um sich von ihm bestimmen, verändern und führen zu lassen.

Wie sie praktisch aussah – er hat sie wohl täglich geübt – entnehmen wir seiner berühmten Schrift: „Eine einfältige Weise zu beten für einen guten Freund“ (1535). Sie enthält eine Anleitung zum nachsinnenden und betrachtenden Gebet. Fünf Schritte lassen sich erkennen: Sich vorbereitend tritt er mit der *Bitte*, das heißt mit Geboten, Glauben, Psalmen, Sprüchen und Vaterunser, die er mündlich spricht, vor Gott. Dann betrachtet er die Gebote einzeln (oder was es sonst aus der Bibel sein mag) und macht „ein vierfaches gedrehtes Kränzlein“ daraus: eine *Lehre*, einen *Dank*, eine *Beichte*, ein *Gebet*; das heißt er fragt über jeden Satz: Was habe ich zu vernehmen? Wofür habe ich zu danken? Was habe ich zu bekennen? Wofür habe ich zu bitten? Mit dem *Gebet*, das zum „Kränzlein“ (das sind Schritte der Meditation) gehört, hört er auf.

Vermutlich hat Luther täglich so meditiert.

Meditation als Möglichkeit für die Gemeinde

Meditation ist ein Modewort. Aber es zeigt, wie alles Modische, auch ein Bedürfnis an: Bedürfnis nach Vereinfachung, Sammlung und Lebenssinn. Immer mehr Menschen merken: Unsere Lebenswelt wird ständig komplizierter. Das dauernde Umflutetsein vom Geräusch verlangt nach Stille. Überfluss, auch im Geistigen, verleiht noch keinen Sinn. Die in unseren Kulturkreis eindringende fernöstliche Meditation verspricht zu helfen. Sie bietet Vereinfachung, Sammlung und Sinngebung an. Es sei nicht in Abrede gestellt, dass sie dies zumindest teilweise auch kann.

Als Christen aber wissen wir, dass Jesus Christus den Anspruch erhob, die Antwort auf die Frage nach dem Sinn selber zu sein (Johannes 14,6). Deshalb sammelt die christliche Meditation den Menschen und seine Sinne auf ihn hin. Jesus verfügbar, für ihn bereit zu sein, ist das Eine, das Not ist (Lukas 10,42). Es macht die undurchschaubare Welt durchsichtiger und nimmt ihr etwas vom Bedrohlichen.

Das ist auch der Grund, warum wir uns mit der christlichen Meditation in ihrer Geschichte befassten; denn im Ferngerückten liegt eine Gabe an die Gegenwart. Die Meditation der Väter und der Glaubenden vor uns kann, wenn wir es wollen, zu einer Möglichkeit für uns selber, zu einer Möglichkeit für die christliche Gemeinde werden. So etwa könnte es geschehen:

1. Vorbereitung zum Nachsinnen

Wir nehmen uns irgendwann – es genügt für den Anfang einmal pro Woche – eine Viertel- oder eine halbe Stunde Zeit. Bevor wir in diese Zeit eintreten, wählen wir uns einen biblischen Text. Es sollte, da wir uns von der Vielheit zum Einfachen wenden, ein biblisches Einzelwort sein. Das ist die Vorbereitung.

2. Meditation

Nun beginnen wir die Meditation und lehnen uns dabei an Tichon und Luther an. Sie besteht aus: sich sammeln, lesen, überdenken, beten.

a) Wir sammeln uns. – Ich lasse meine Gedanken und Sorgen kommen und wieder gehen. Es wird still in mir. Ich wende mein Herz zu Gott. Ich verweile und weiß, dass er mich sieht.

b) Wir lesen das gewählte Wort. – Ich schlage meine Bibel auf. Ich lese leise, aber mit Bewegen der Lippen. Ich versuche, vollkommen aufmerksam zu sein. Vielleicht schreibe ich die Gedanken, die mir dabei kommen, in ein paar Sätzen auf.

c) Wir überdenken das Gelesene. – Ich weiß nun das, was ich gelesen habe, fast auswendig. Ich frage:

- Was wird mir gesagt und wie ist es zu verstehen?
- Wofür habe ich zu danken? Was tut Gott für mich?
- Was habe ich zu bekennen, und wo bin ich betroffen?
- Wofür habe ich zu bitten? Was muss ich tun? Ich verweile dabei.

d) Wir beten darüber. – Ich weiß häufig nicht, was ich beten soll. Jetzt wird mir das Gebet gegeben. Ich antworte einfach und wandle mein Nachsinnen oder einen Gedanken daraus um in ein Gebet.

Nachsinnen und Gebet

Man kann für Meditation auch Betrachtendes Gebet sagen; denn sie ist ein Sichsammeln vor Gott, ein Stillwerden auf ihn hin und ein Nachsinnen vor seinen Augen. Wir werden dabei die Erfahrung machen, dass unsere Gedanken abschweifen oder dass das Gelesene sich entzieht. Dann holen wir es wieder („wiederholen" es) und bemühen uns um erneute Aufmerksamkeit. Alles gelöst, alles gelassen! Wir wollen nichts. Wir warten.

Meditation und Welt

Die Meditation oder das Nachsinnen ist nach evangelischem Verständnis ein Sichbereiten für Gott; ein intensives Horchen und Warten. Ich warte, dass Gott zu mir spricht. Ich nehme es auch an, wenn er schweigt. Ich hatte bisher auch wenig Zeit für ihn. Nun habe ich Zeit und warte. Ich nehme mir vor, häufiger für ihn Zeit zu haben. Ich mache die Erfahrung – so verheißen es wenigstens die Schrift und die Väter –, dass er sich nicht entzieht. Er ist mein Gott, und ich gehöre zu ihm, ob er spricht oder schweigt. In Christus ist er immer für mich.

Ich mache die dritte und größte Erfahrung: Ich entdecke ihn überall. Die ganze Welt wird durchsichtig und lässt ihn sehen. Diese schwierige und vor ihm flüchtende und ihn verschweigende Welt! Ich werde offener, mehr und mehr geöffnet, bereit auch für die Welt, für die Menschen, mit denen ich es zu tun habe, und für die Dinge, die mir anvertraut sind. Ich beginne zu sehen. Ich sehe die Schöpfung. Ich erfahre ihren Herrn. Ich spüre den Geist.

Die Meditation oder das Nachsinnen ist nach evangelischem Verständnis ein Sichbereiten für Gott; ein intensives Horchen und Warten. Ich warte, dass Gott zu mir spricht.

Nachsinnen, Meditieren, Gottes Wort überdenken öffnet die Augen. Ein russischer Mönch sprach im Sterben: „Der Christ sollte wie die Cherubim ganz Auge werden."

Beispiele für Texte, die zum betrachtenden Gebet helfen können

Eine Ordnung des betrachtenden Gebets

1. Innehalten

Der Herr ist in seinem heiligen Tempel.
Es sei stille vor ihm alle Welt.

Hilf mir beten und meine Gedanken sammeln zu dir; ich kann es nicht allein.

Ehre sei dem Vater und dem Sohn und dem Heiligen Geist. Wie es war im Anfang, so auch jetzt und immerdar und von Ewigkeit zu Ewigkeit. Amen.

2. Vernehmen

Nach einigen Minuten der Stille lesen wir das gewählte Wort – langsam und mit ganzer Aufmerksamkeit.

3. Betrachten

Wir verweilen über dem Text mit folgenden Fragen:

- Was steht da? (Vorgang)
- Was tut Gott zur Rettung des Menschen, und was ist für den Glauben wichtig? (Heilsgeschehen)
- Was gilt mir? (Betroffenheit)

4. Antworten

Unser Gebet kann nach diesen Gesichtspunkten erfolgen:

- Ich danke für das Geschehen damals.
- Ich danke für das Geschehen an mir.
- Ich bitte um seine Führung für mich.
- Ich bete für andere Menschen nah und fern.
- Ich bete für die Gemeinde, zu der ich gehöre.

5. Einwilligen

Ich befehle mich Gott und dem Wort seiner Gnade.

Er beschützt mich auf allen meinen Wegen.

Ihm gebe ich die Ehre, dem König der Zeiten.

Amen.

Verlauf der gemeinsamen Betrachtung

Lied

Gebet

Auslegung

Liedstrophe

Stille Zeit (vergleiche *Ordnung des betrachtenden Gebets*)

Lied

Textverlesung

Gebet

Liedstrophe

(Wir nehmen diesen Verlauf in vollkommenes Schweigen hinein und bemühen uns auch, die Stille der anderen nicht zu unterbrechen.)

Meditative Gebete

Mein Herr und mein Gott!
Du hast mich jetzt angesprochen
und diese Worte an deine Jünger,
an mich gerichtet.
Erfülle mich mit dem Geist der Armut,
der Sanftmut, der Barmherzigkeit
und des Friedens.
Gib mir die Kraft, Leid zu tragen,
für Gerechtigkeit einzutreten,
um ein reines Herz zu ringen und
für deine Sache Nachteile hinzunehmen.
Du bist bei mir.
Ich danke dir. *(M. S.)*

Das Wort, das trägt, kommt aus dem Schweigen. Schweigen ist für das Wort wie ein Netz, das unter dem Seiltänzer ausgespannt ist.

(Max Picard)

Der Mensch soll sich bei Tag oder in der Nacht immer eine gute Zeit nehmen, in der er sich in seinen Grund senken kann, jeder nach seiner Weise. *(Johannes Tauler)*

Gott, der du alle Begriffe übersteigst, du hast uns deine beseligende Anschauung verheißen im Glauben, durch die Wahrheit selbst: den Sohn Gottes, wenn wir nicht abweichen von dem Weg, den er uns durch Wort und Tat vorgezeichnet hat. *(Nikolaus Cusanus)*

Gott, der du die Kriege erstickst und die Feinde derer, die auf dich hoffen, mit deiner Macht abwehrst und bezwingst, wir rufen deine Barmherzigkeit an: Hilf uns, auf dass wir, wenn die Wildheit der Welt gebändigt ist, unermüdlich mit unseren Dankopfern dich preisen: durch unseren Herrn Jesum Christum.

(aus einer alten Liturgie)

Herr Jesus Christus erbarme dich meiner.

(aus der orthodoxen Kirche)

Herr meines Lebens!
Heute kehre ich zu meiner Taufe zurück.

Du hast mich angenommen,
zum Gemeindeglied gemacht
und mich stets begleitet.
Ich bin getauft auf deinen Namen.

Selten habe ich dir dafür gedankt
und dich, meinen Erlöser und Erhalter,
dafür gepriesen.

Ich will es heute tun und
dich rühmen und erheben.

Dein Heiliger Geist erhalte in mir
das Gedächtnis meiner Taufe
und bewahre in mir das Bewusstsein,
dein Kind zu sein
bis an mein selig Ende.

(M. S.)

Gott, du aller Könige und Reiche Herr, der du uns heilst, wenn du uns schlägst, und durch dein Verzeihen bewahrst, wende deine Barmherzigkeit zu uns, auf dass wir den durch deine Macht bewahrten Frieden uns zum Heil und zur Besserung gebrauchen: durch unseren Herrn Jesum Christum. *(aus einer alten Liturgie)*

Wenn du nicht in die Wüste gehen kannst, musst du dennoch in deinem Leben Wüste machen. Bring ein Stück Wüste in dein Leben, verlass von Zeit zu Zeit die Menschen, auch die Einsamkeit, um im Schweigen und anhaltenden Gebet deine Seele zu erneuern. Das ist unentbehrlich. Das bedeutet „Wüste" in deinem geistlichen Leben.

(Carlo Carretto)

Knie nieder in deinem Kämmerlein und bitte mit rechter Demut und Ernst zu Gott, dass er dir durch seinen lieben Sohn wolle seinen Heiligen Geist geben, der dich erleuchte, leite und Verstand gebe ...

Zum andern sollst du meditieren, das ist nicht allein im Herzen, sondern auch äußerlich die mündliche Rede und buchstabische Wort im Buch immer treiben und reiben, lesen und wieder lesen, mit fleißigem Aufmerken und Nachdenken, was der Heilige Geist damit meinet ...

Zum Dritten ist da tentatio, Anfechtung. Die ist der Prüfstein, die lehret dich nicht allein wissen und verstehen, sondern auch erfahren, wie recht, wie wahrhaftig, wie süß, wie lieblich, wie mächtig, wie tröstlich Gottes Wort sei, Weisheit über alle Weisheit. *(Martin Luther)*

Wohl dem, der Lust hat am Gesetz des Herrn und sinnt (meditabitur) über seinem Gesetz Tag und Nacht. *(Psalm 1,2)*